this book bleongs to:

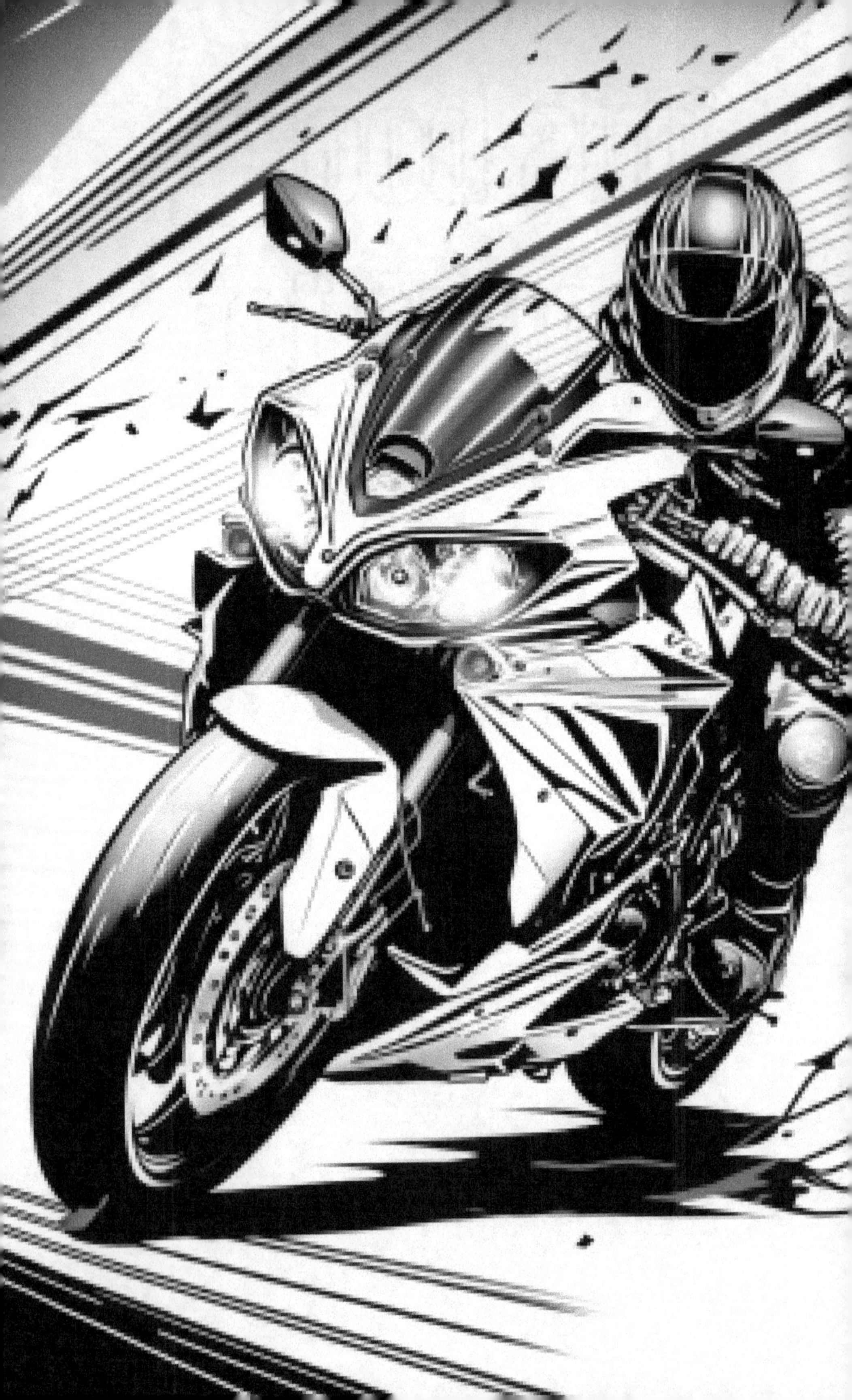

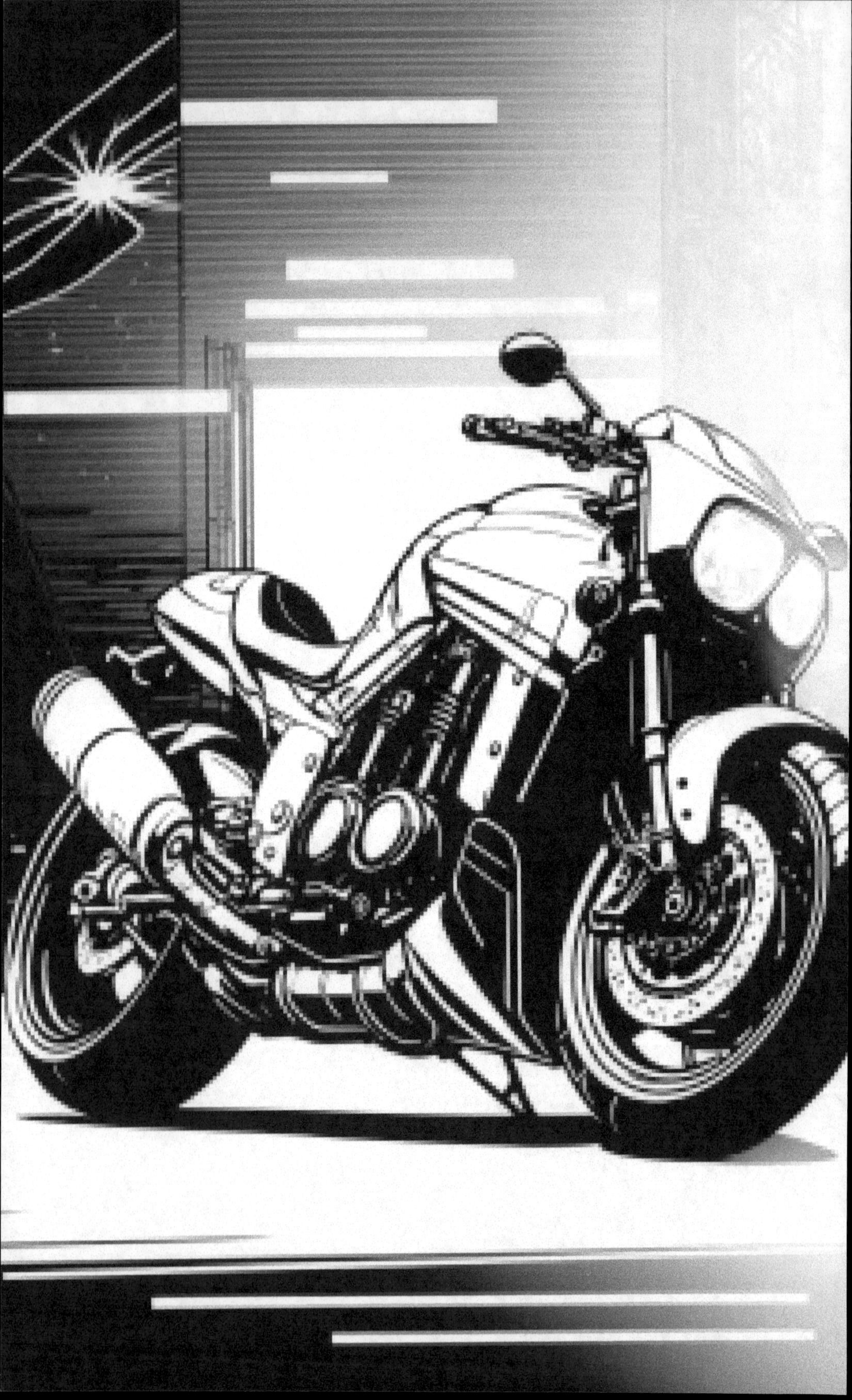

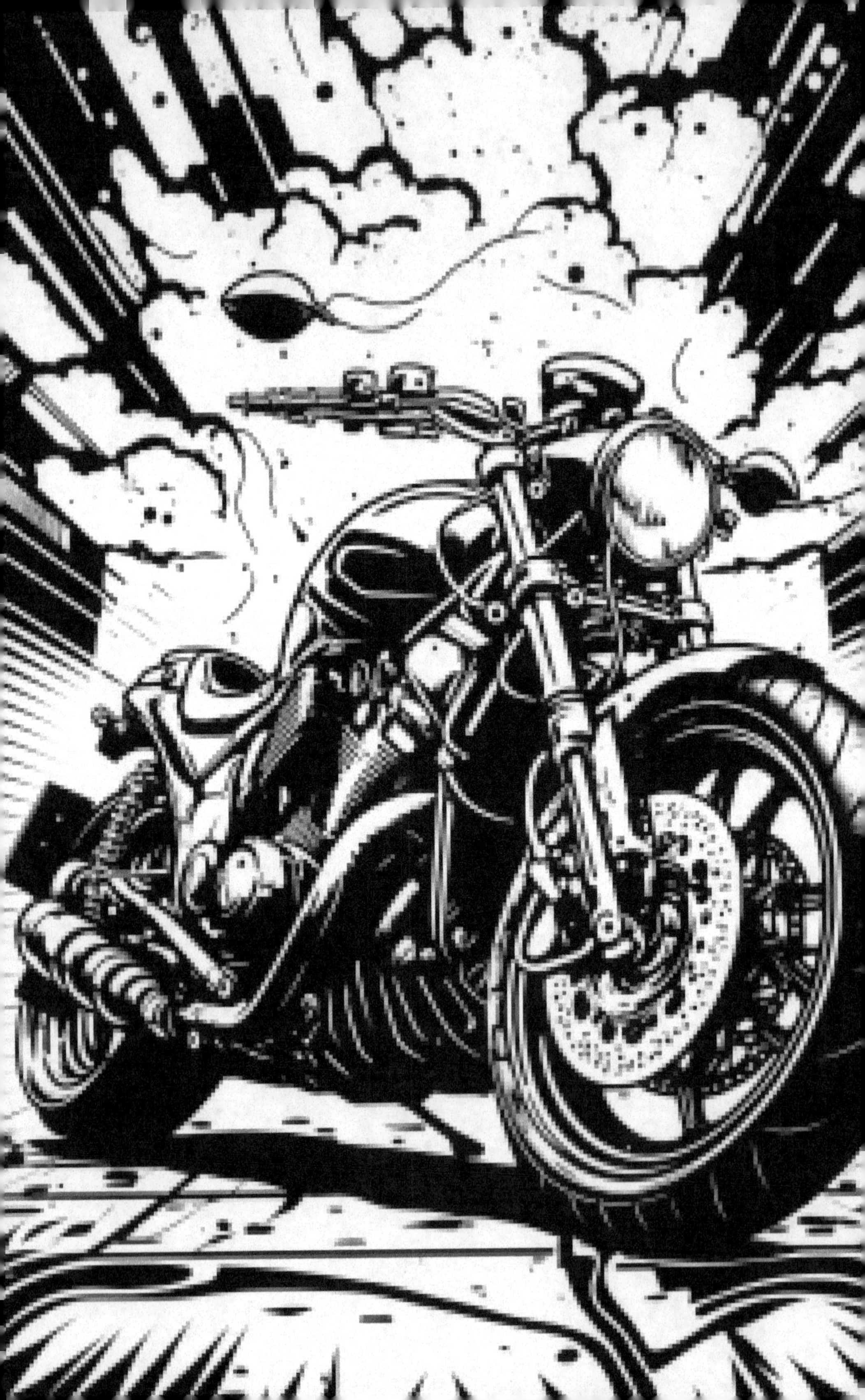

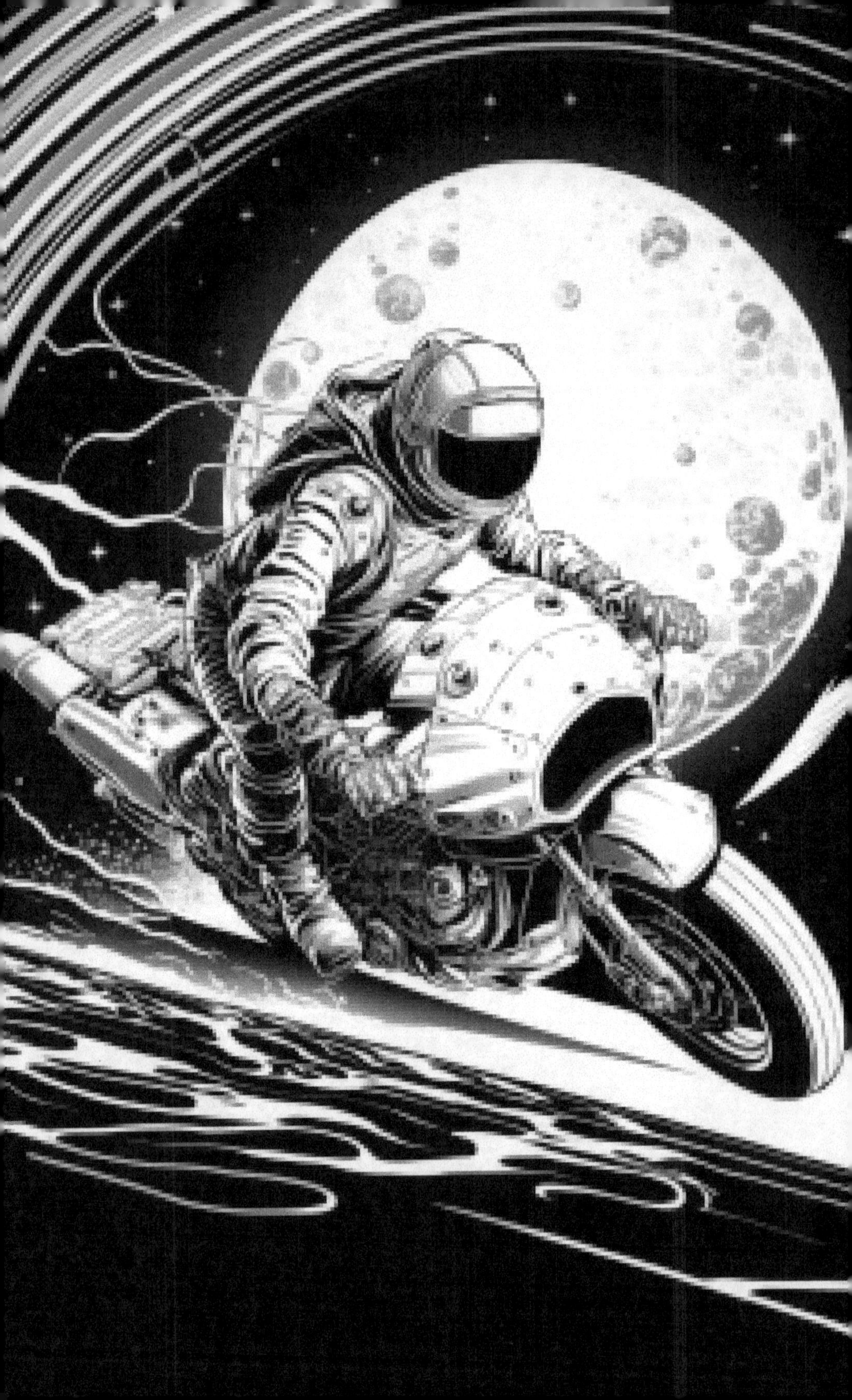

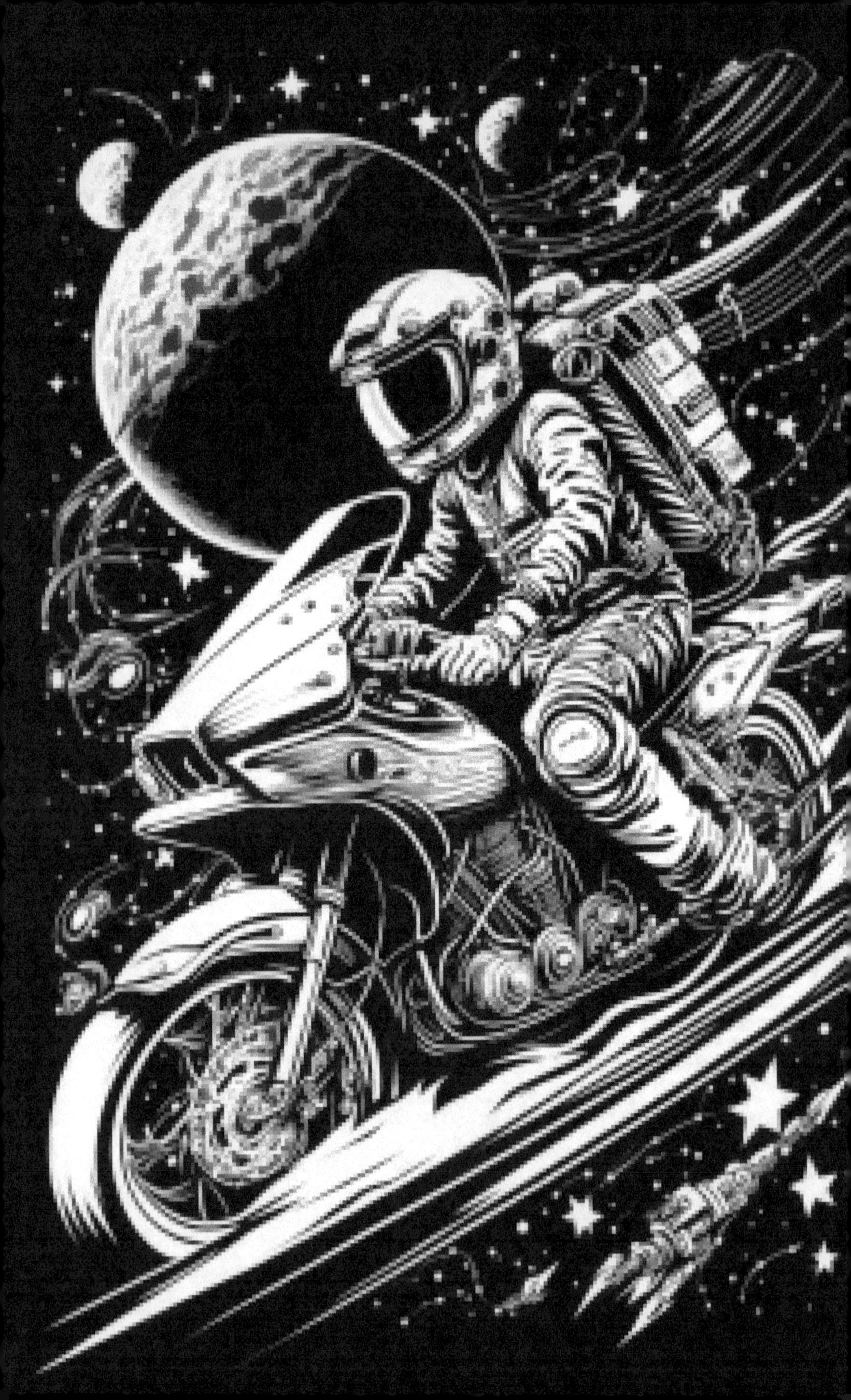

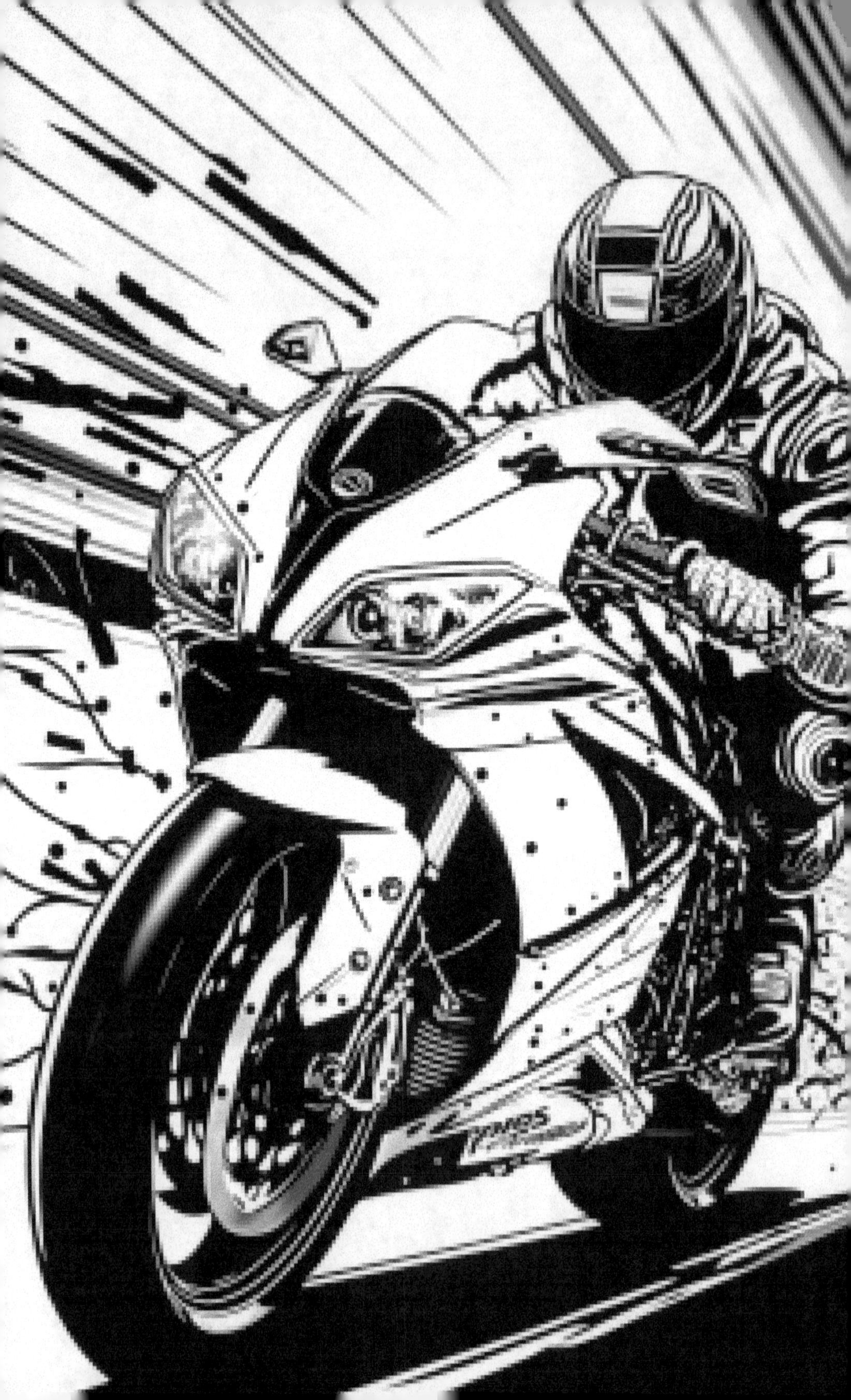

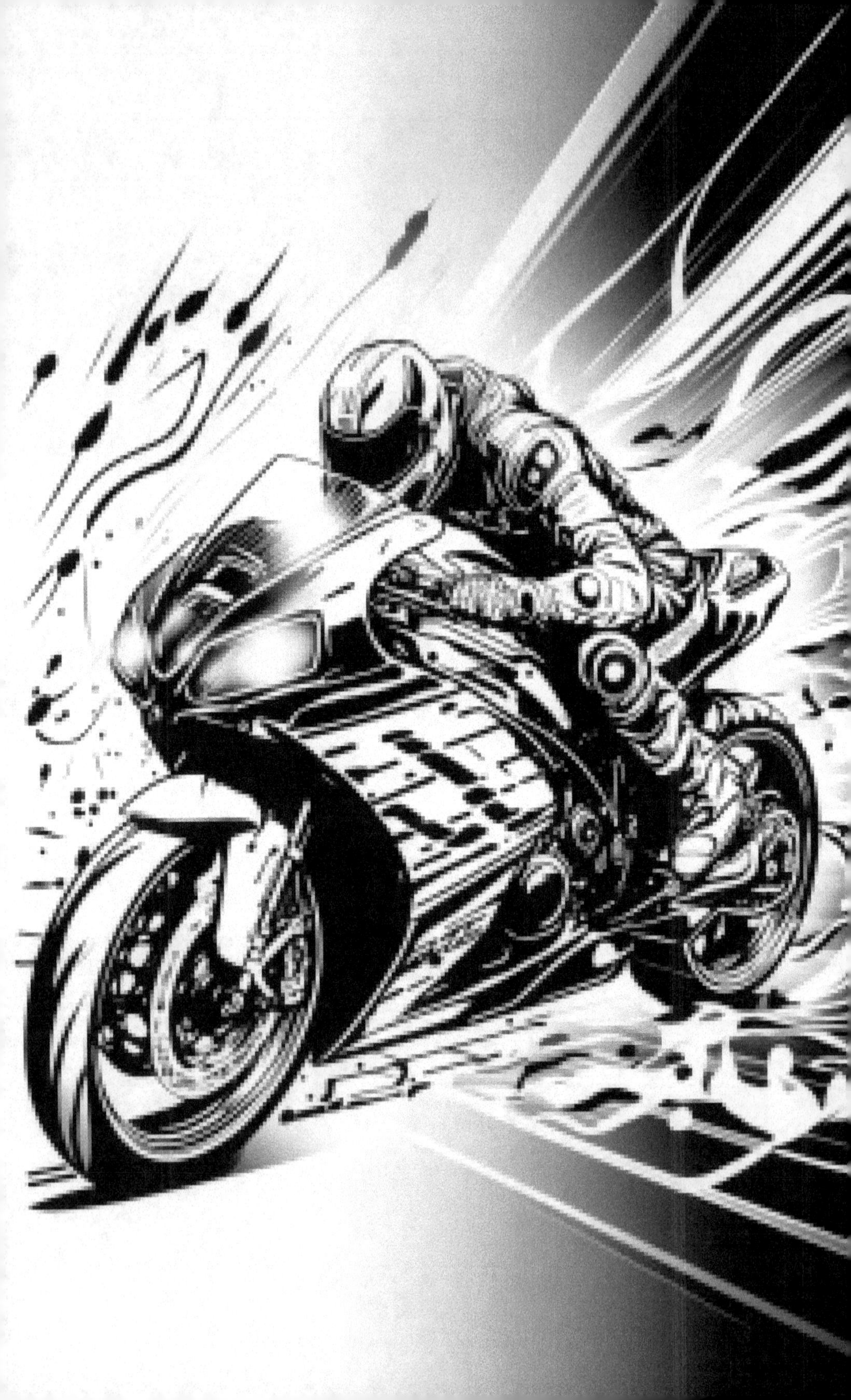

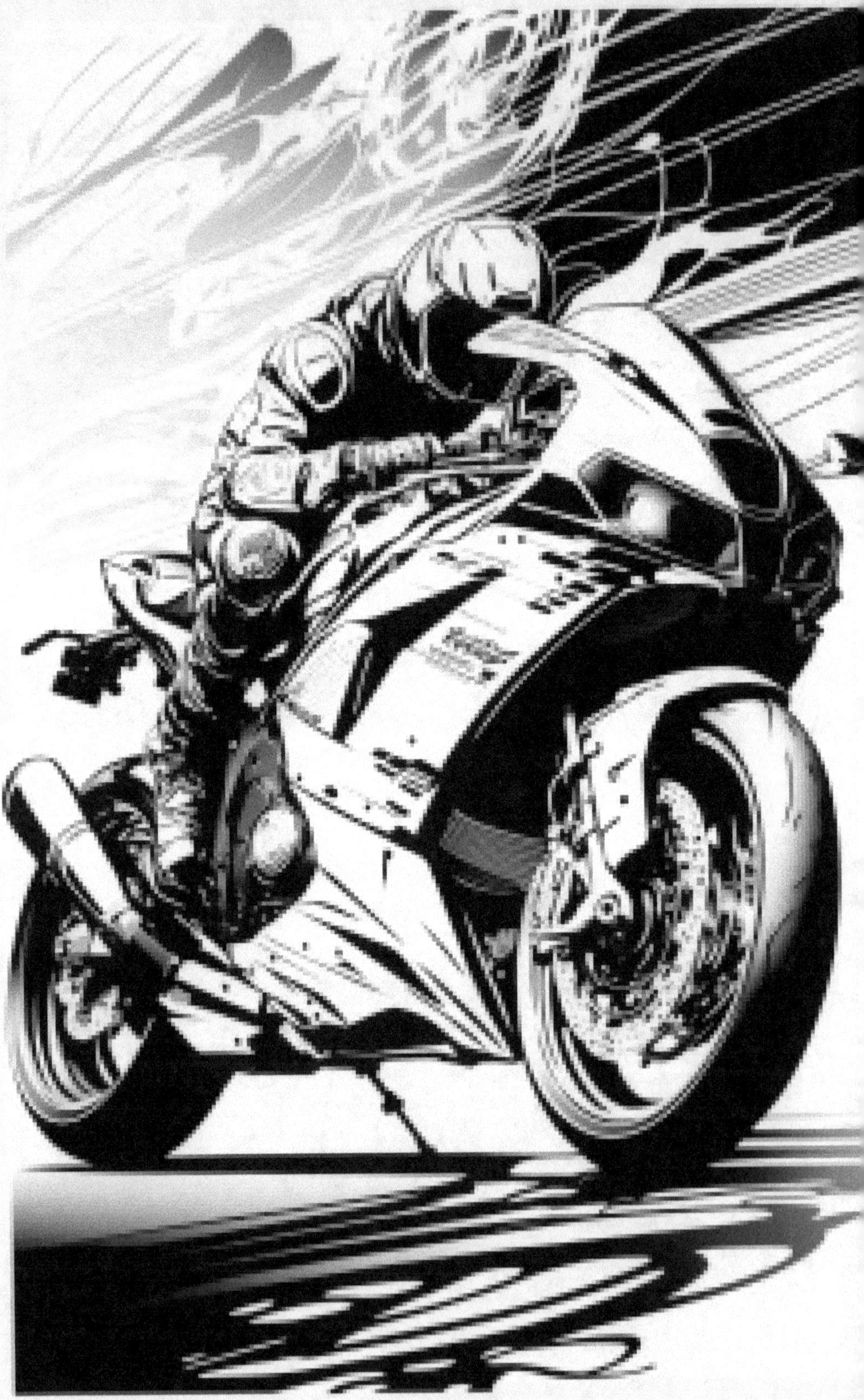

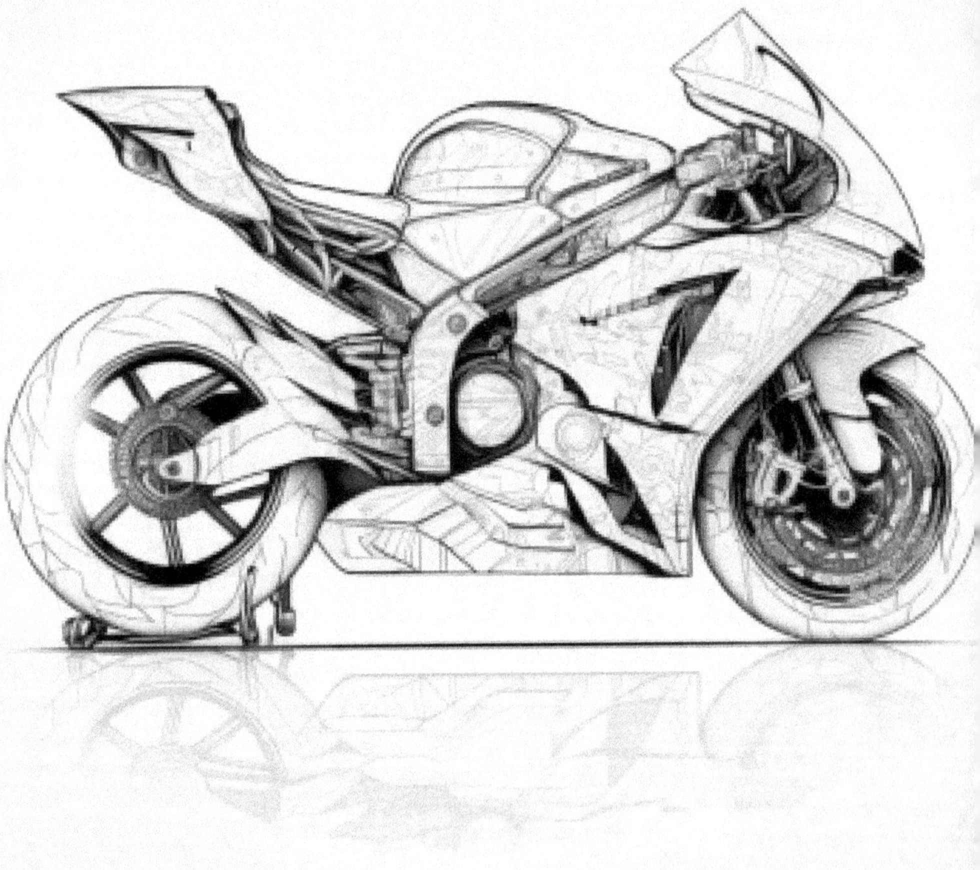

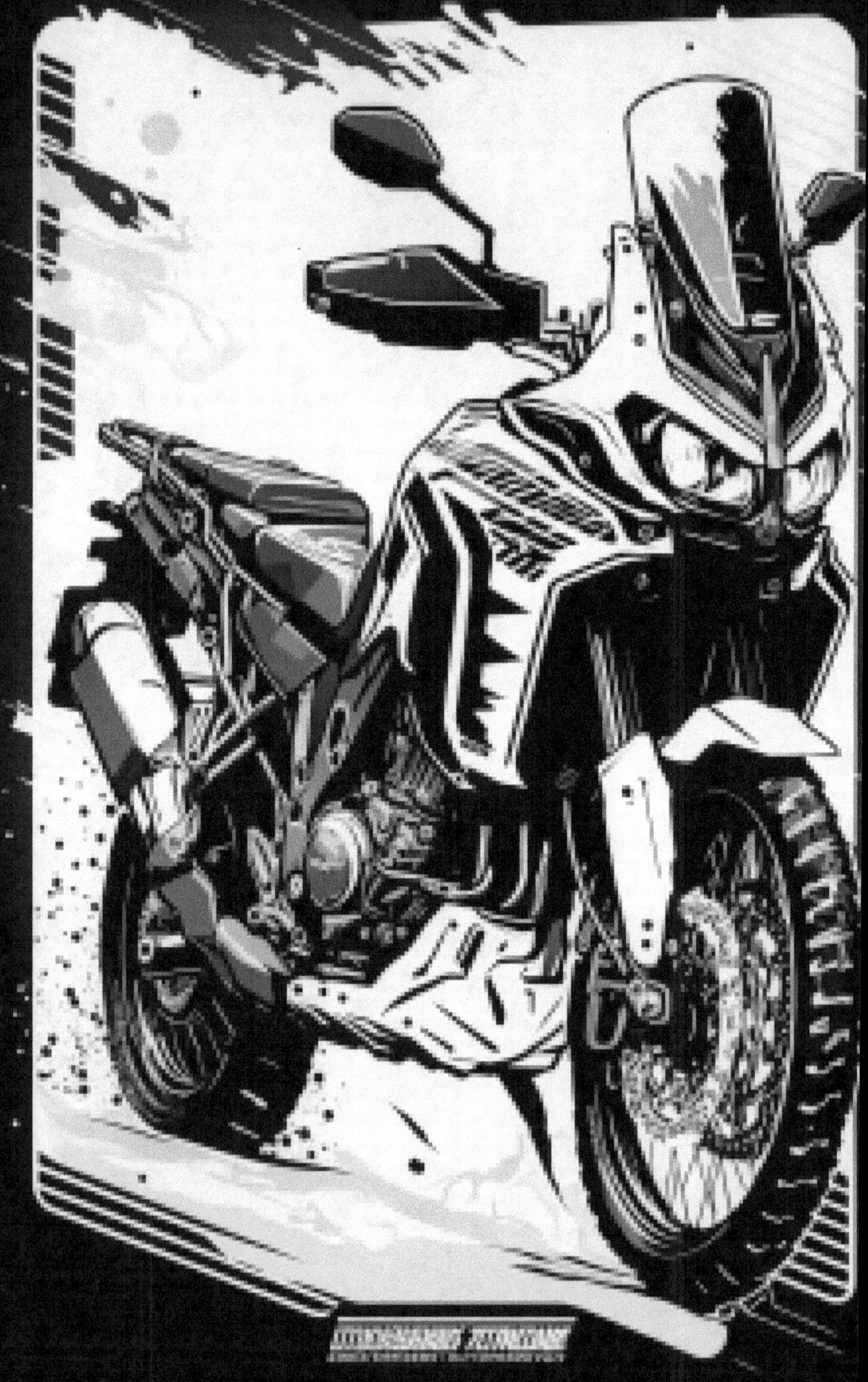

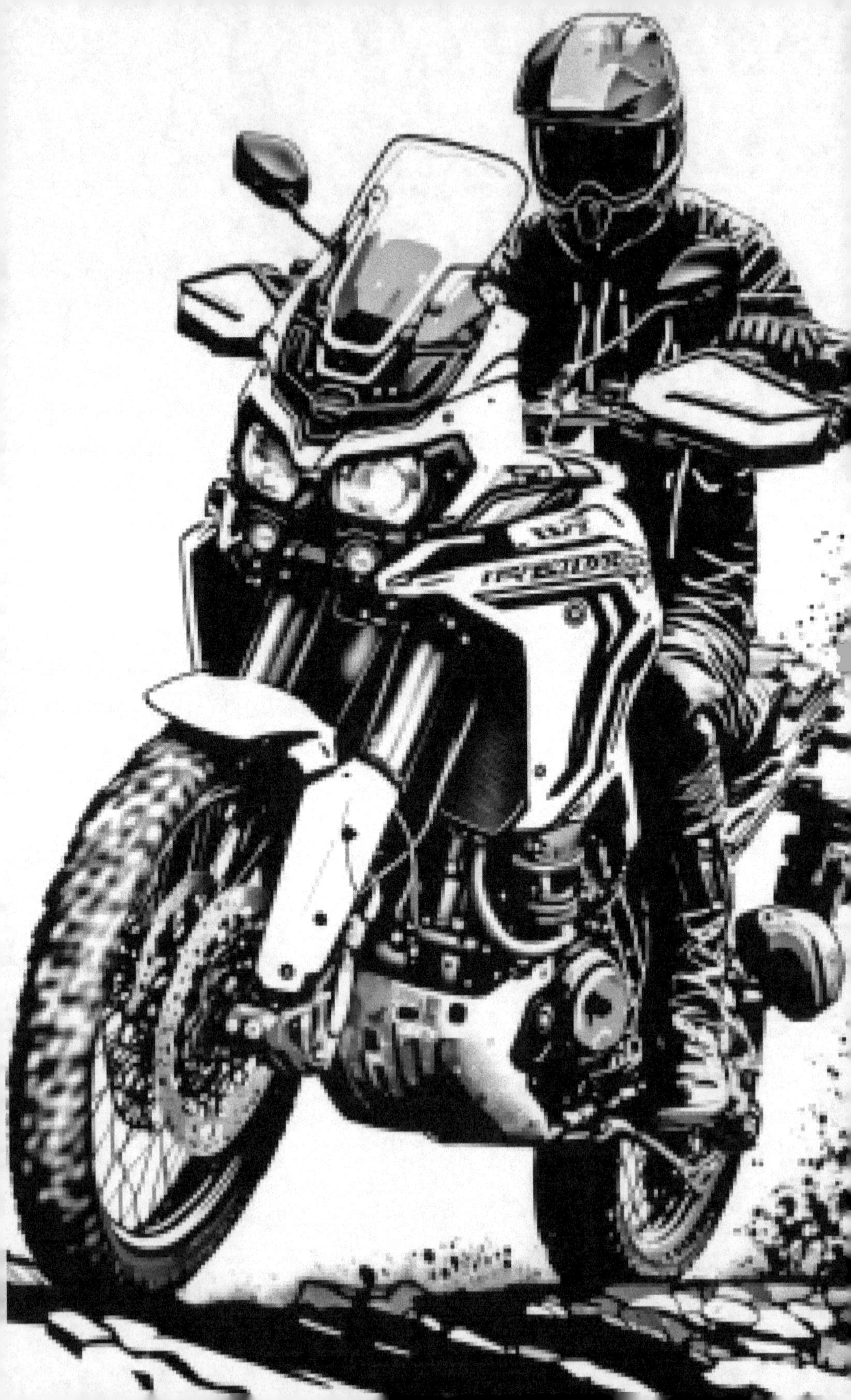

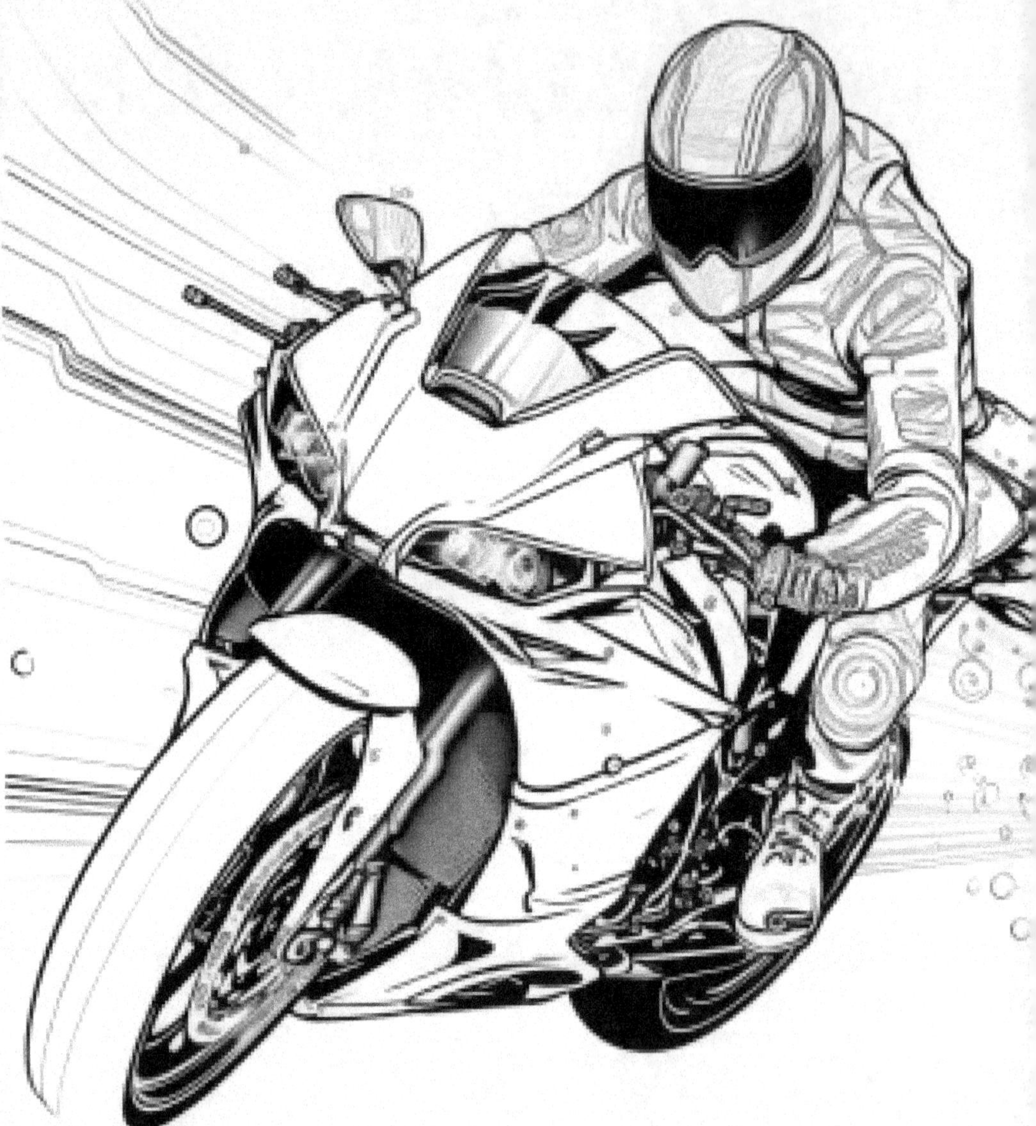

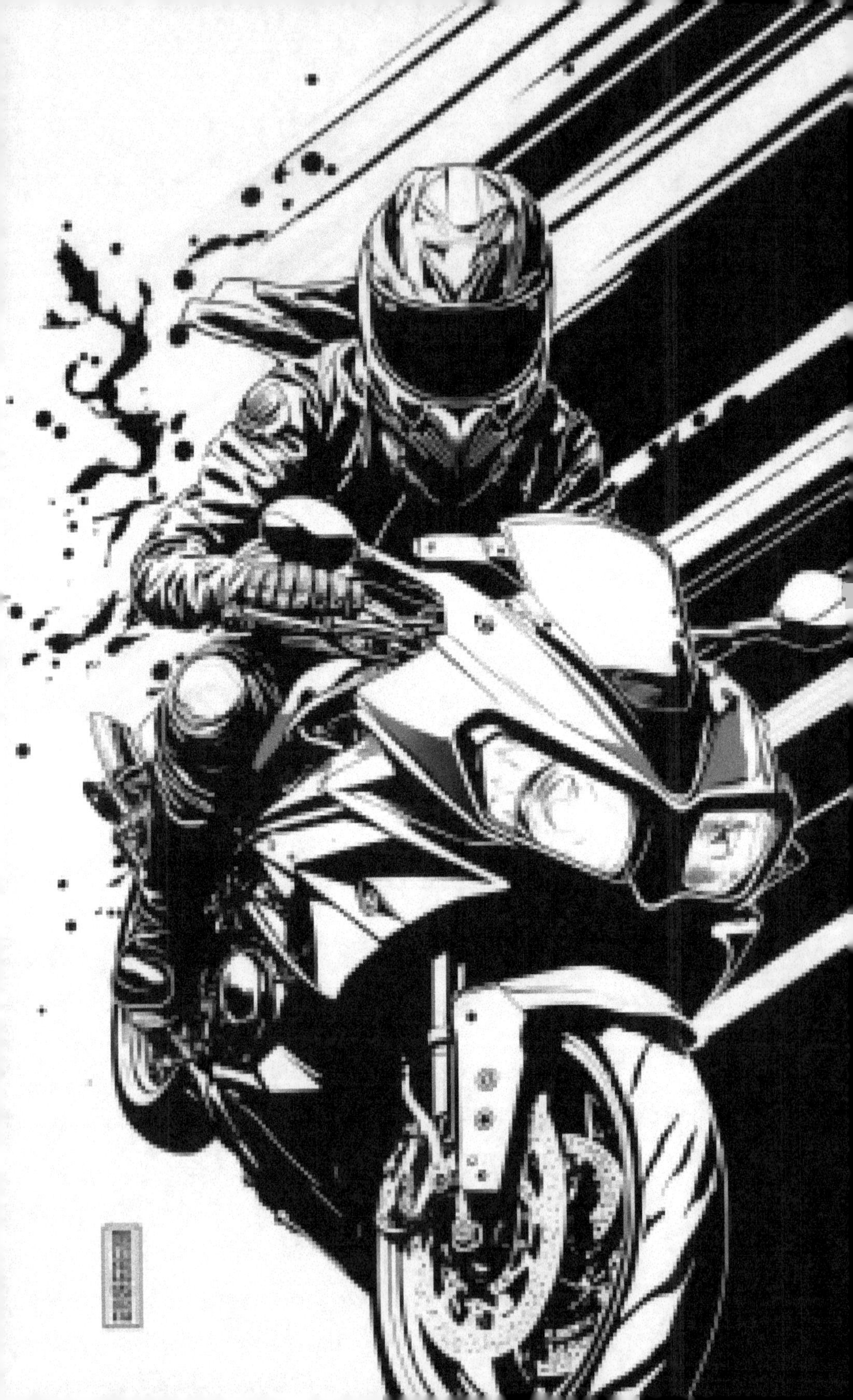

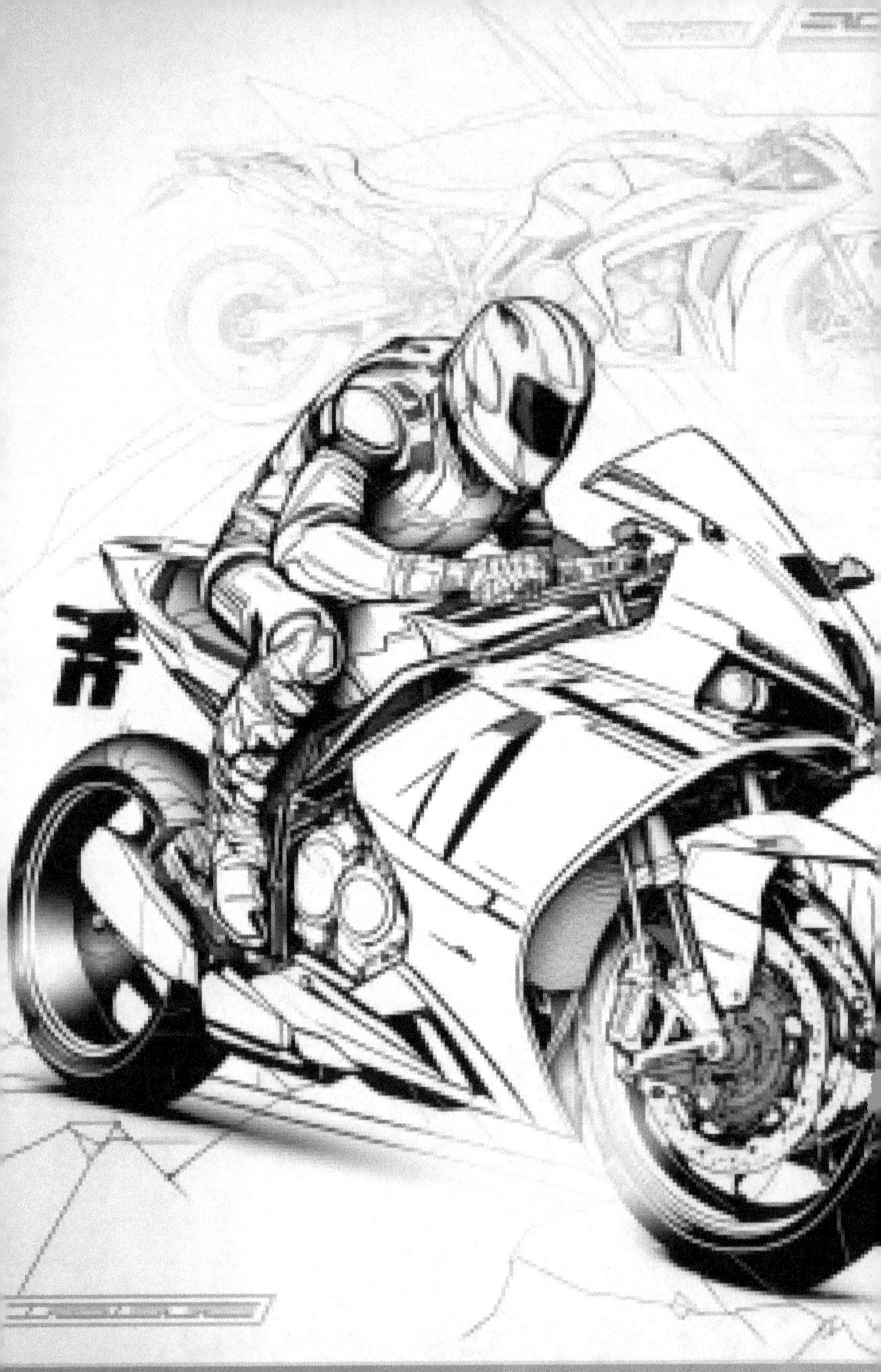

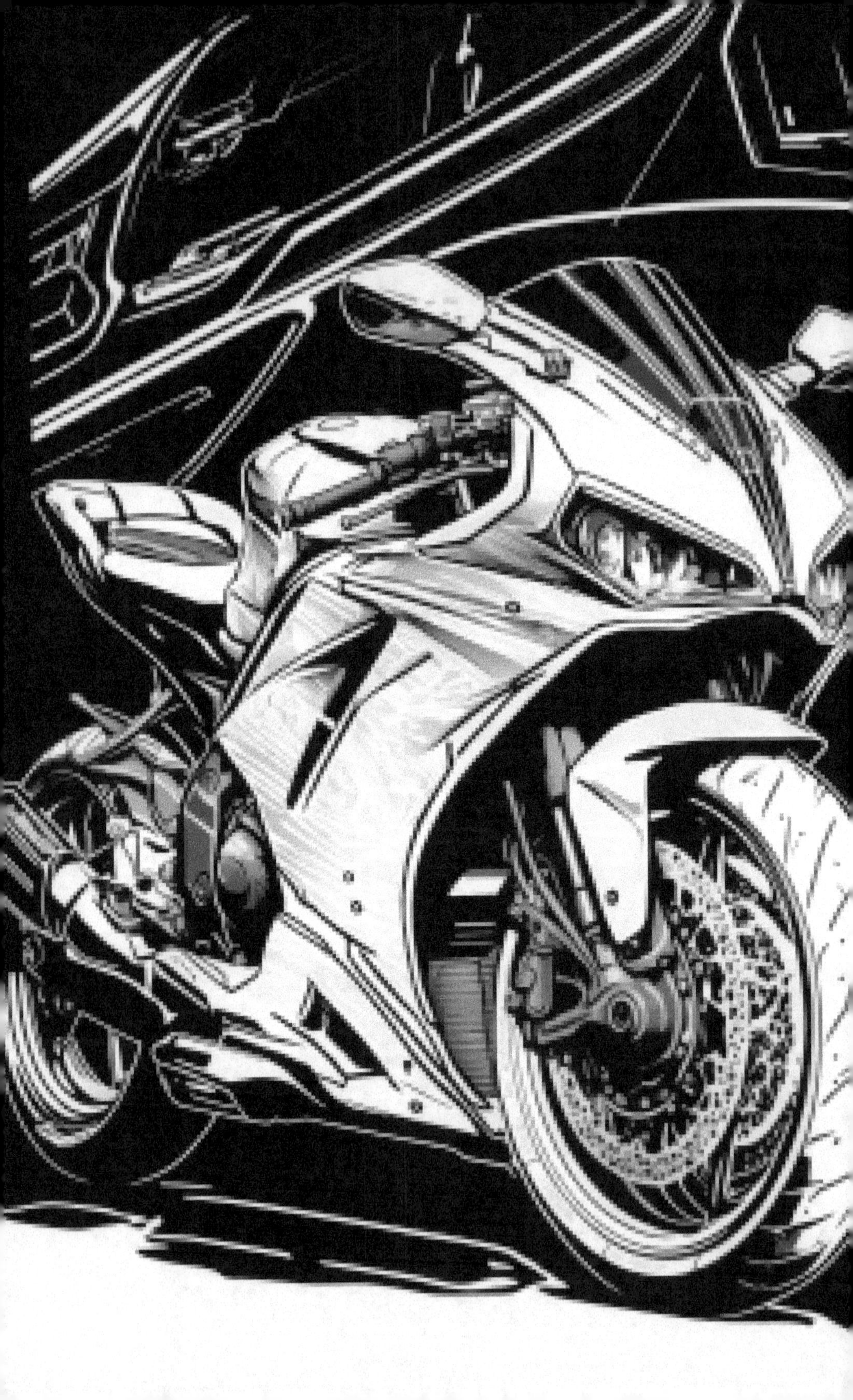

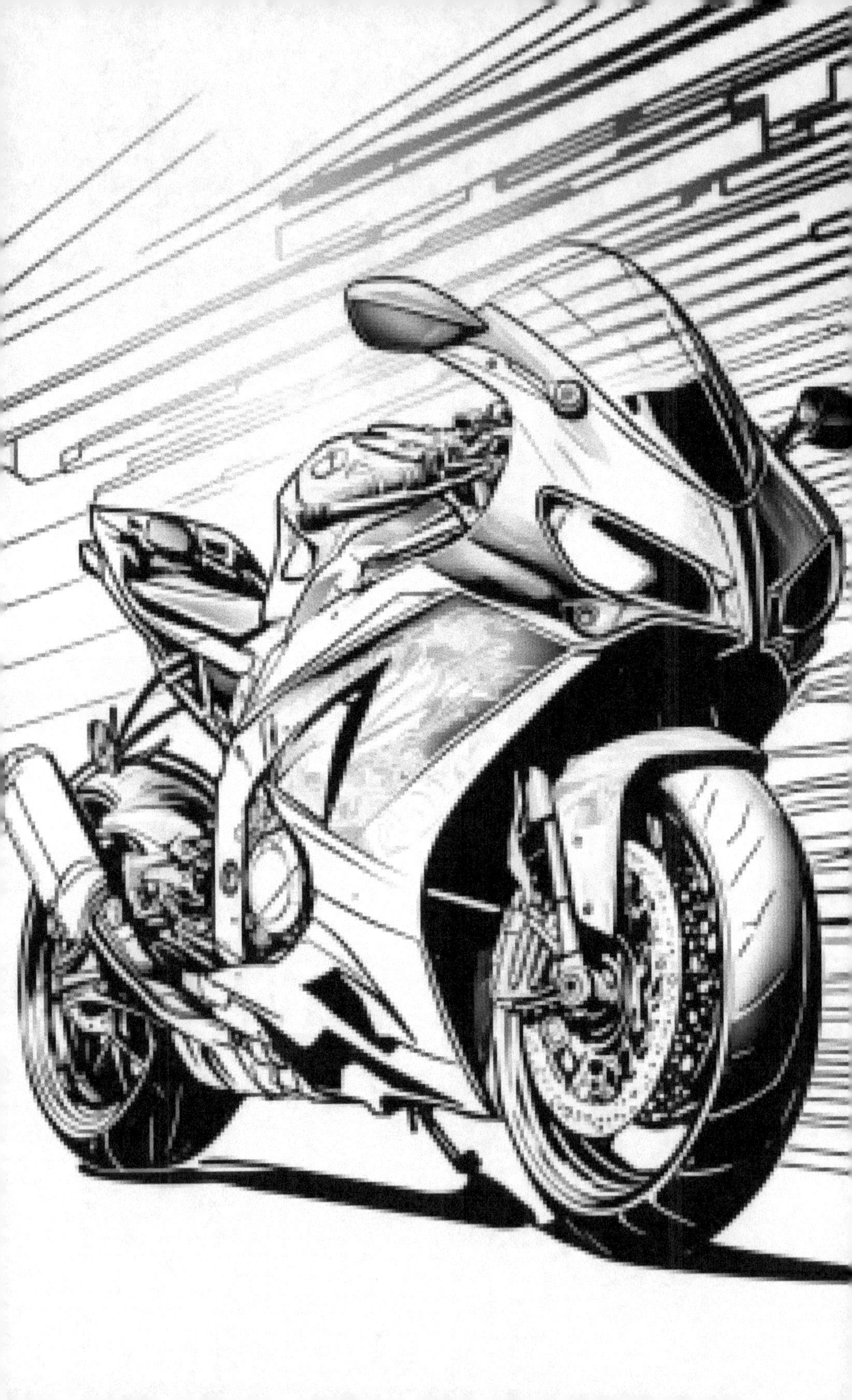

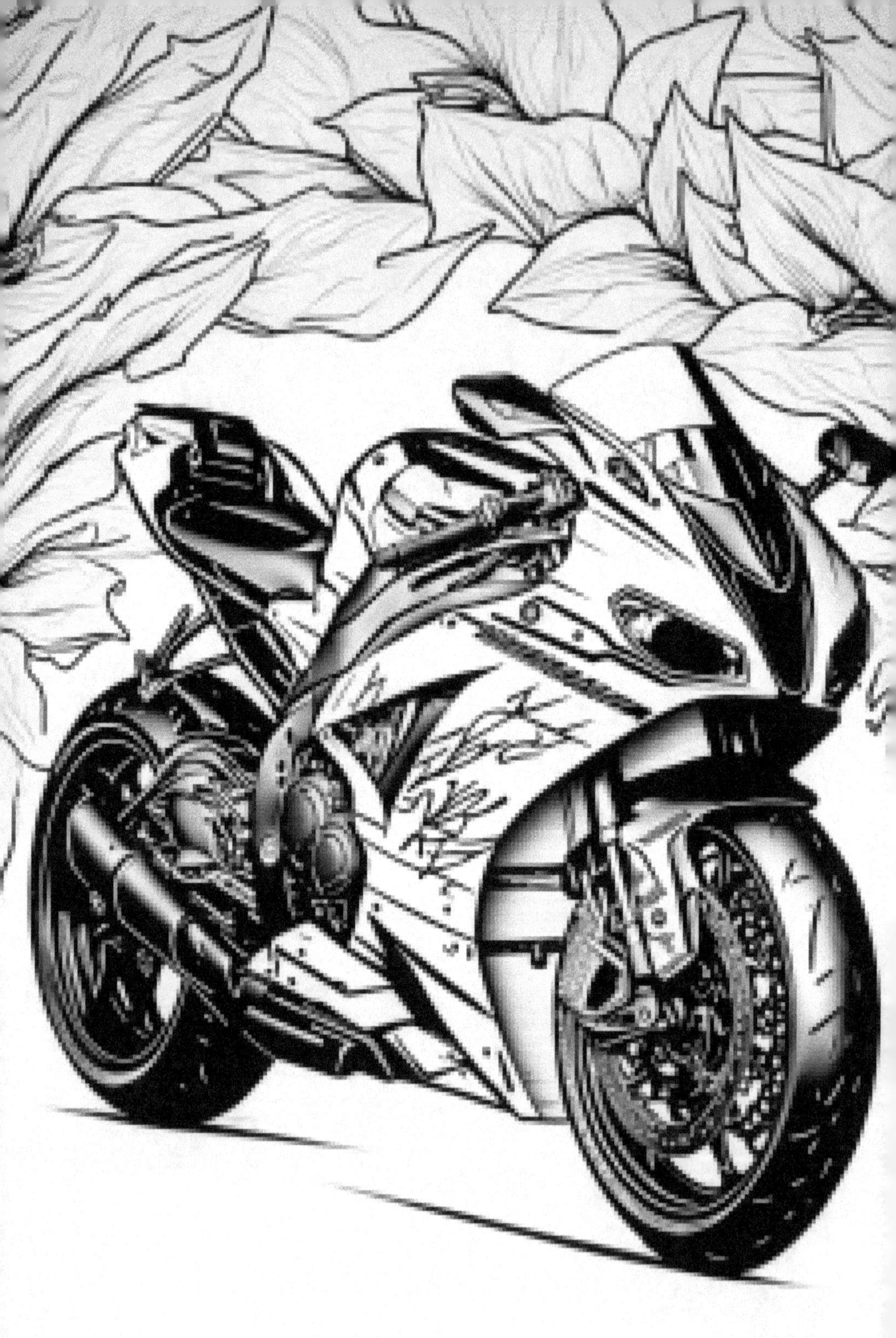

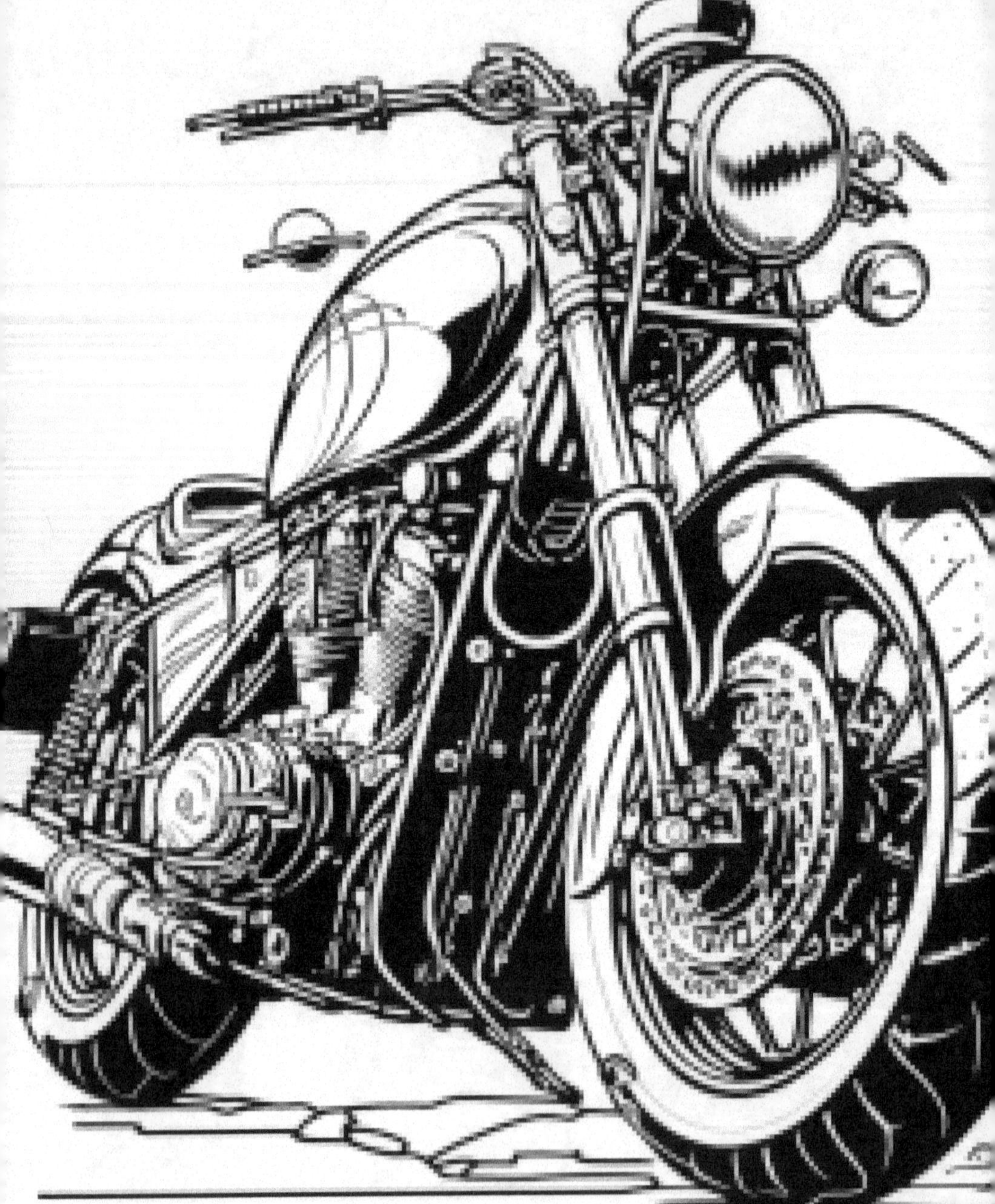

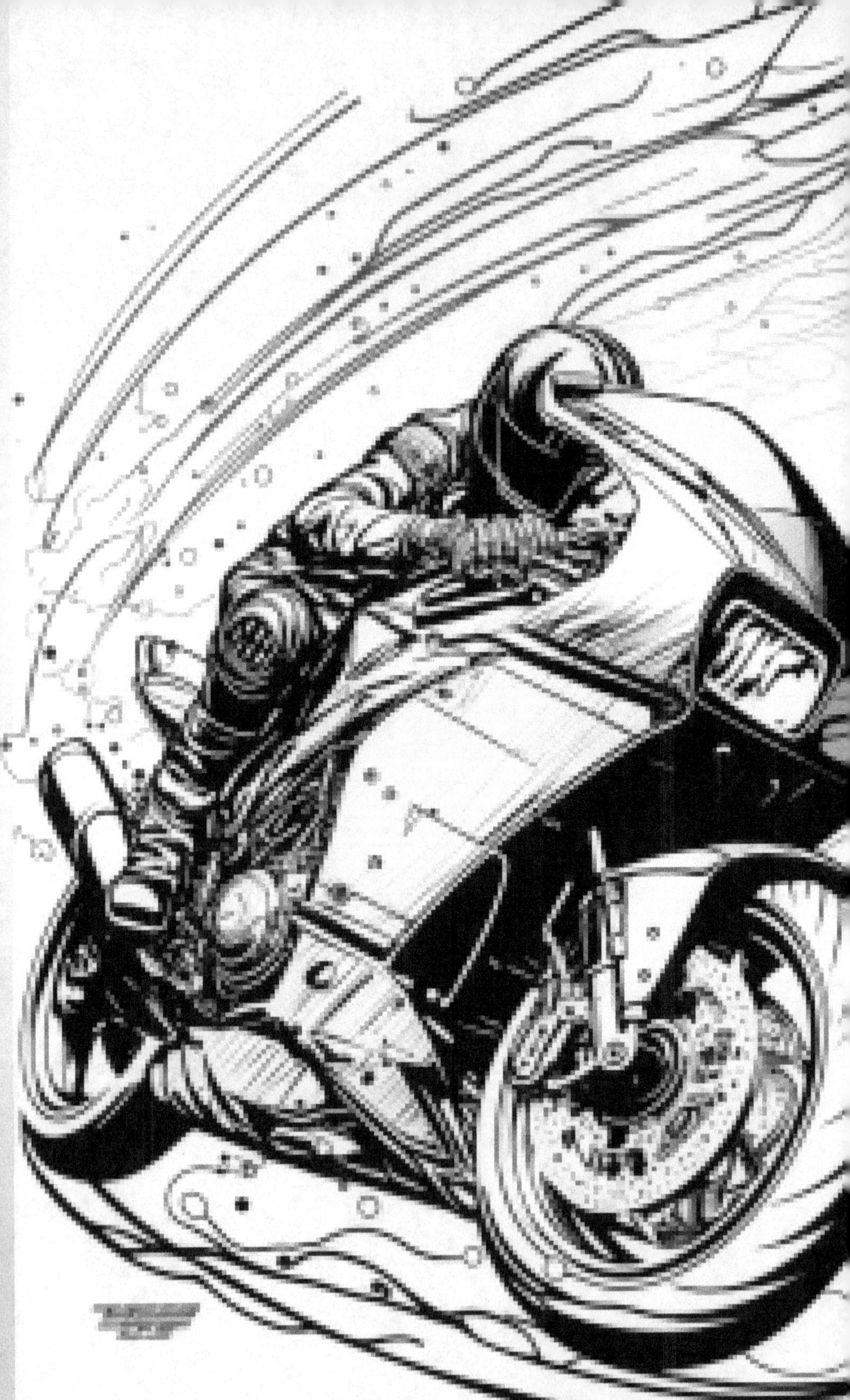

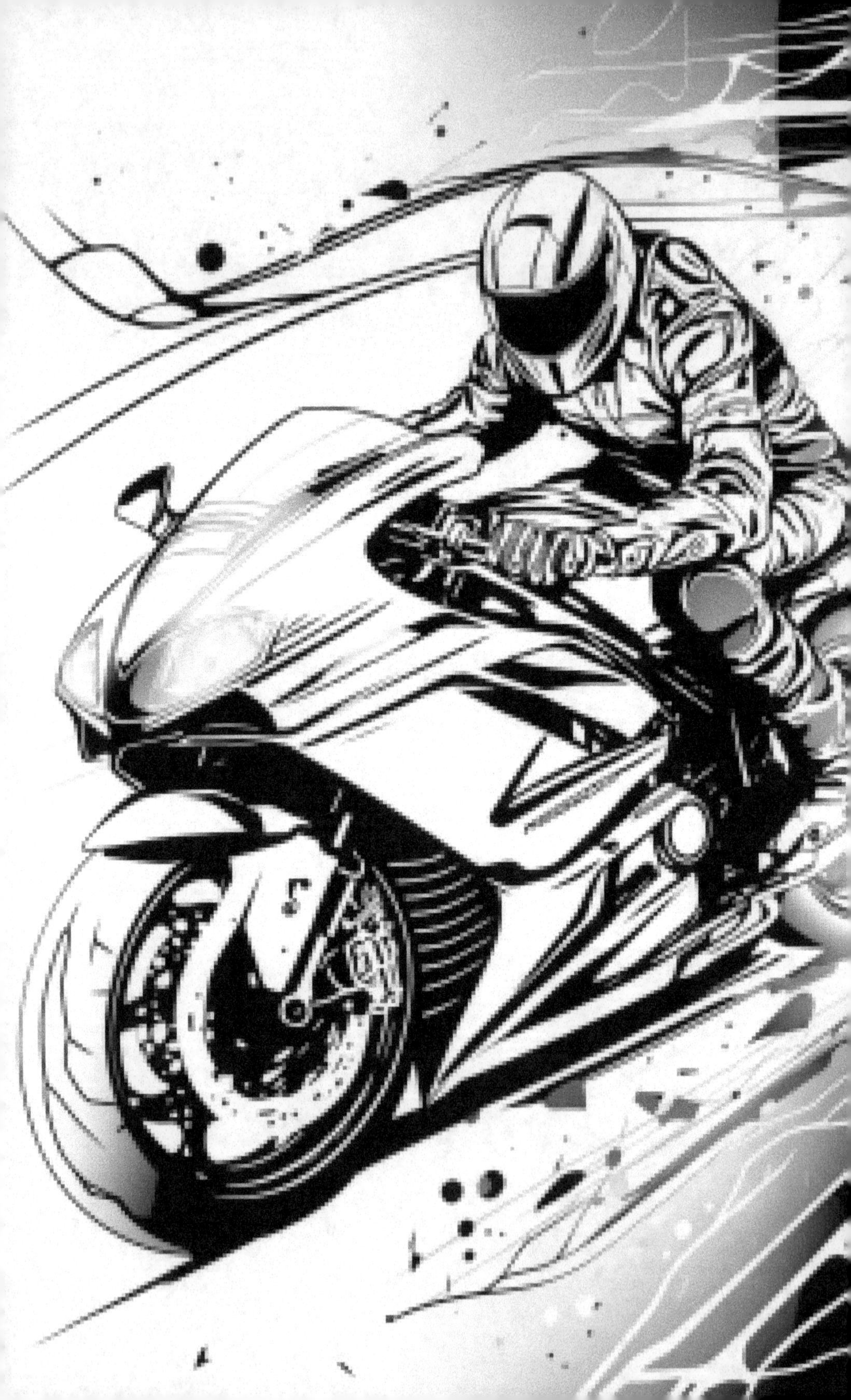

www.ingramcontent.com/pod-product-compliance
Lightning Source LLC
Chambersburg PA
CBHW072147230526
45467CB00040B/757
* 9 7 9 8 3 9 1 2 0 2 9 9 8 *